ख़्वाबों के मोती

अभिव्यक्ति का एक शानदार अनुभव

स्वाति जोशी | तरु

XpressPublishing
An imprint of Notion Press

XpressPublishing
An imprint of Notion Press

Old No. 38, New No. 6
McNichols Road, Chetpet
Chennai - 600 031

First Published by Notion Press 2019
Copyright © Swati Joshi, Taru 2019
All Rights Reserved.

ISBN 978-1-64678-311-3

This book has been published with all efforts taken to make the material error-free after the consent of the author. However, the author and the publisher do not assume and hereby disclaim any liability to any party for any loss, damage, or disruption caused by errors or omissions, whether such errors or omissions result from negligence, accident, or any other cause.

While every effort has been made to avoid any mistake or omission, this publication is being sold on the condition and understanding that neither the author nor the publishers or printers would be liable in any manner to any person by reason of any mistake or omission in this publication or for any action taken or omitted to be taken or advice rendered or accepted on the basis of this work. For any defect in printing or binding the publishers will be liable only to replace the defective copy by another copy of this work then available.

मेरी माँ और उनके असीम स्नेह

को समर्पित

क्रम-सूची

आमुख	vii
आभार	xi
1. एक ख़्वाब की हकीकत	1
2. कभी ठहर के ओ प्रितम	3
3. चारों तरफ होगा प्यार	5
4. अनजाने ही आपने	7
5. अनंत राह के......	9
6. मन मेरा	11
7. मशाल	13
8. निश्छल	15
9. काश! मेरे घर का दामन.....	16
10. वो तुम्हारे साथ है	18
11. होके मुखर	21
12. ज़िन्दगी में अक्सर	22
13. तुम	24
14. मान लेना	26
15. हम उसी को ढूँढते हैं	27
16. आज भी	29
17. नमस्ते ज़िन्दगी!	32
18. जी लो जीवन	34
19. ज़रूरी तो नहीं	36
20. कुछ लोग	38

• v •

क्रम-सूची

21. जहाँ से चली थी...   41

आमुख

बचपन में स्वयं की प्रकृति को समझ पाने की समझ नहीं थी मुझमें, लेकिन इतना पता था कि मुझमे कुछ ऐसी शक्ति है जो मुझे अलग तरह से सोचने और महसूस करने की ओर धकेलती है। किसी और के लिए जो साधारण-सी बात होती, मैं उस पर घंटों मनन कर सकती थी। एकांत मेरे लिए एक अवसर होता था अपने अन्तरंग से बातें करने का और अपनी भावनाओं को शब्दों में गढ़ने का। मुझे शब्दों की शक्ति महसूस होती थी। आज मैं अच्छी तरह जानती हूँ कि शब्दों में जादू होता है। शब्दों में दिशा बदल देने वाला इत्र होता है। शब्दों को समझने के रास्ते पर, एक आंतरिक जागरण की यात्रा हमकदम की तरह साथ हो जाती है। जीवन परिवर्तन संभव हो जाता है। हमेशा से मैं किसी भी भावना को कुछ अधिक तीव्रता से अनुभव करती थी, चाहे वह किसी फिल्म को देखते हुए ज़ोर-ज़ोर से हँसना हो या फिर किसी इमोशनल सीन पर फूट-फूट कर आंसू बहाना (ये बात और है कि बाकी सब मेरी तरफ देख-देख कर बहुत ठहाके मार रहे होते थे)। मेरी संवेदनशीलता बस बेबाक थी। मुझे हर पड़ाव पर महसूस होता था कि यह शक्ति मेरे अकेले की नहीं है, मुझे इसे साझा करना चाहिए। पर झिझक भी थी, शब्दों को यूँ बेपर्दा करने में, सबके सामने लाने में। मैं (शब्दों के) इस जादू को बस इकठ्ठा किये जा रही थी, एक पोटली में। पर बार-बार महसूस करती थी कि इन पर केवलमेरा हक़ नहीं है, बस यही सोचते-सोचते एक दिन ख़्वाबों के मोती ने जन्म लिया (कुछ भी सबके साथ साझा करने के लिए साहस चाहिए, इस साहस से वह चीज़/सोच और भी अद्भुत हो जाती है)। शब्दों की यात्रा को एक सहयात्री की

आमुख

तलाश होती है। जो शब्दों के हमसफ़र होते हैं, उनके रास्ते अलग हो सकते हैं लेकिन वे दूर तक साथ-साथ चल सकते हैं। कुमार विकल की 'सहयात्री' कविता इसे बहुत ही ख़ूबसूरती से कुछ यूँ बयान करती है:

मेरी दिशा इधर
इसीलिए तुम सोचते हो हम
दो अलग दिशाओं के सहयात्री हैं,
पर मेरा विश्वास है कि हम–
दो अलग दिशाओं की ओर
चलते हुए भी सहयात्री हैं
क्योंकि हम शब्दबद्ध हैं.

....शब्द जो, निरर्थ से
अर्थ तक की यात्रा में
दिशा का बोध देता है
दिशा को बदल सकता है
अब तो केवल देखना है
किसका शब्द
किसकी दिशा बदलता है
ओ मेरे सहयात्री
शब्दबद्ध !

'ख्वाबों के मोती, अभिव्यक्ति का एक शानदार अनुभव' मेरे सभी पाठकों को एक मीठा आमंत्रण है कुछ ख्वाबों को समेट लेने का, कुछ पलों को मेरे शब्द सहयात्री बन कर जी लेने का। मेरी इस रचना में आप हर रंग के ख्वाब पायेंगे, कुछ सुर्ख लाल तो कोई सुरमयी केसरिया, कुछ काले स्याह तो कुछ थोड़े हल्के गुलाबी। कुछ को ख़ुशी का स्पर्श छू गया है तो कुछ को

आमुख

छलनी करने वाला गरल। क्योंकि ज़िन्दगी का हर रंग खूबसूरत है, मैं अपने सभी पाठकों से आग्रह करना चाहती हूँ कि आप मेरी रचनाओं को खूब प्यार दें, खूब चाहें और मुझे प्रेरणा दें कि मैं अपनी दिशा में आगे बढ़ती रहूँ और आपके लिए अपने अंतर्मन से और सुन्दर-सुन्दर मोती लाती रहूँ।

बहुत-बहुत प्रेम व आभार
तरु

आभार

मैं बहुत भाग्यशाली हूँ कि मेरे जीवन में ऐसे कई लोग हैं जिन्होंने मेरे जीवन में प्रत्यक्ष व अप्रत्यक्ष रूप से योगदान दिया है। जिस प्रकार एक अंकुर के प्रस्फुटित होकर एक फूलों और फलों से लदा छायादार पेड़ (तरू) बनने में अनुकूल वातावरण का योगदान होता है, उसी प्रकार मेरे जीवन को उत्कृष्ट दिशा व दशा देने में इन सभी का योगदान ईश्वर के वरदान जैसा है। मैं अपने जीवन के उद्देश्य को पहचान पाऊं और सही दिशा में कदम बढ़ा सकूँ ये प्रेरणा मुझे इन्हीं से मिलती रहती है। ये सभी मेरे जीवन में खुशबू और ख़ुशी की तरह हैं। सर्वप्रथम मैं मेरी माँ को कोटि-कोटि धन्यवाद देती हूँ जिन्होंने मेरे जीवन में हमेशा एक शिल्पकार की तरह मुझे गढ़ने में और मुझे अपनी उपयोगिता हांसिल करने में एक अनवरत साधक की तरह जीवन पथ पर अग्रसर होते रहने के लिए प्रेरणा दी है। मेरे पापा का मैं अनुशासन, आत्मविश्वास, सादगी, सरलता और रचनात्मकता के बीज बोने के लिए तहेदिल से आभार व्यक्त करती हूँ, मुझे गढ़ने में उनके योगदान को शब्दबद्ध करना बहुत मुश्किल है। सबसे ज़रूरी, मेरे जीवन की मिठास, मेरे भाई-बहन श्रुति व पीयूष, उनके निश्छल-निस्वार्थ प्रेम और सहयोग के लिए मैं अनंतकाल तक आभारी रहूँगी मेरे जीवन में निरंतर, बिना शर्त प्रेम करने वाले और जीवन में रंगों की तरह मेरे हमसफ़र, सुखदेव जी का मैं तहेदिल से आभार व्यक्त करती हूँ। मुझे बहुत सारी खुशियाँ और प्यार देने के लिए मैं आहना, आश्वी और जयवर्धन का भी बहुत-बहुत आभार व्यक्त करती हूँ। मेरे परिवार के सदस्य अम्मा-पिताजी, गौरव-रेनू, वैष्णवी, शिवार्पित, सक्षम और समृद्धि, इन सभी के स्नेह से मिलने वाली

आभार

प्रेरणा की मैं सदा ही ऋणी हूँ। इसके अलावा मैं उन सभी का आभार व्यक्त करती हूँ जिनका किसी न किसी रूप में इस रचना को इसके वर्तमान स्वरूप तक पहुँचने में सहयोग रहा।

सस्नेह
स्वाति, तरु

1. एक ख़्वाब की हकीकत

एक ख़्वाब की हकीकत,
निशान बनाते क़दमों के हक़,
सूरज की तपिश से रोशन धरती,
लुढकते बढ़ते पानी के किनारे,
रातों को जागते, सोते परिंदे,
अपने आशियानें में क़ैद,
ख़्वाबों का सफ़र.....
एक ख़्वाब की हकीकत,
हौंसलों की ज़ुबानी,
मिट्टी के तराज़ू पे तुलते,
चमकते-भटकते सितारों के तले,
कीच-कमल की आभा तोड़ते,
कठलता से कोमल, ऊपर बढ़ते,
चूमते-मुस्कुराते,
ख़्वाबों का सफ़र.....
एक ख़्वाब की हकीकत,
अधूरी कहानी का पूरा सफ़र,
गलियों से गुज़रती,
नज़रे चुभाती,
मर्दानी का ज़िगर,
संभलते क़दमों की स्याही,
वक़्त की मुट्ठी के सितारे,
ख़्वाबों का सफ़र.....

ख़्वाबों के मोती

एक ख़्वाब की हकीकत,
रस्सी के बल,
बढ़ती उमर में जवानी का असर,
अचारी मंज़िल का मुरब्बाई स्वाद,
चाँद का आईना,
ज़िन्दगी का अक्स,
पक्की धुन का अपना तराना,
ख़्वाबों का सफर.....

2. कभी ठहर के ओ प्रितम

तराशा ये मेरा मन,
तपाया ये मेरा जीवन,
कभी ठहर के ओ प्रितम,
इसे निहार लेते।
गीली-गीली सी ये रूह,
चप्पा-चप्पा मशगूल,
काँपते से मेरे बाज़ू,
कभी ठहर के ओ प्रितम,
इन्हें थाम लेते।
कदम-कदम बढ़ाती,
चुपके से आ ही जाती,
होंठों की ये ,
कभी ठहर के ओ प्रितम,
इसे सराह लेते।
तुम्हारे लिए चलती,
तुम्हारे लिए रंगती,
जीवन की मेरी चाकी,
कभी ठहर के ओ प्रितम,
थोड़ी तो बाँट लेते।
ये तरसती निगाहें,
ये तड़पती आरज़ू,
ख्वाबों का एक भारी पुलिन्दा,
कभी ठहर के ओ प्रितम,

ख़ुद से जोड़ लेते।

3. चारों तरफ होगा प्यार

अम्बर से कर लूं, धरती से कर लूं,
पानी से कर लूं, फूलों से कर लूं मैं प्यार,
कितना सुहाना सफ़र होगा मेरा,
चारों तरफ होगा प्यार।
सब कुछ कहेंगे, सब कुछ सहेंगे,
हम खुश रहेंगे ऐ यार।
तुम बेगाने भी जान से प्यारे,
तुम बजाने भी सबसे न्यारे,
वो, जो दिखाते हैं सपने सुनहरे,
करते फिर उन्हें चूर,
पहले तो पास, फिर करतें हैं दूर,
सब कुछ भुला दूँ, तुम्हें मैं चुरा लूँ,
बना लूं मैं अपना यार।
अम्बर, धरती, चाँद-सितारे,
सारे के सारे,   करते हैं तुमसे प्यार,
निश्छल हो तुम, हो एक परी-सी,
करती हो सबको दुलार,
खुशियाँ रहेंगी पग-पग पर तुम्हारे,
होंगे न दुःख अब कोई,
दुनिया से न्यारी, सबसे वो प्यारी,
चलो हम-तुम एक बस्ती बना लें,
चारों तरफ होगा प्यार।
न कोई जलेगा, न कोई छलेगा,

प्यार भरा बस मौसम रहेगा,
न टूटेंगे सपने,
जो सब होंगे अपने,
पंख लगाकर चलो अब वहाँ,
प्यार ही प्यार की दुनिया जहाँ,
अम्बर की चादर, धरती बिछौना,
बिखरे हैं चाँद-सितारे,
हाँ हाँ, सब हैं ये अपने हमारे,
अम्बर से कर लूं, धरती से कर लूं,
पानी से कर लूं, फूलों से कर लूं मैं प्यार,
कितना सुहाना सफ़र होगा मेरा,
चारों तरफ होगा प्यार।

4. अनजाने ही आपने

अनजाने ही आपने,
बोया है कुछ बीजों को,
अनजाने ही आपने,
सींचा है कुछ बीजों को,
काटा भी है पौधों को,
अनजाने ही आपने,
तोड़ा भी कुछ कलियों को,
अवश्य ही उनमें से कुछ,
कल्पवृक्ष हैं बनने को,
लेकिन कुछ अनजाने ही,
ढाक फूल हैं बनने को,
लेकिन कुछ अनजाने ही,
आक फूल भी खिलने को।
अनजाने ही आपने,
बोया है कुछ बीजों को,
धरा थी बंजर-सी जब,
नष्ट था मन उपवन भी,
तब खिले वो अंकुर जो,
मन लगा कुछ सपने बुनने को,
अनजाने ही आपने,
शिला रखी उन सपनों की,
कुछ बड़े हुए, कुछ हुए नष्ट,
तो धरा हँस और रोई भी,

अपने आँगन के फूलों हित,
वो जगी भी और सोई भी।
अनजाने ही आपने,
नींव रखी कुछ अपनों की,
अपनों में अनजानापन,
ये नीयम था अपनों में,
नींव रखी कुछ धोरों की,
अनजाने ही आपने,
सींचा है कुछ बीजों को,
अनजाने ही आपने।

5. अनंत राह के......

अनंत राह के, हर कदम पर,
कुछ छलावा, कुछ दिखावा,
कुछ थे घात और शेष आघात,
अनंत राह के, हर कदम पर
मिले उसे शर,
उसने रखे सर और नज़रों पर,
सब जैसे उपहार,
दिए शर बदले स्नेह और प्यार,
अनंत रह के हर कदम पर.....
मिले उसे शर।
था अपनों को छोड़ा,
नए चेहरों से नाता जोड़ा,
हर चेहरे को जताया,
हर चेहरे को बताया,
वो है उनकी, उनकी ही साया,
पर उसने, शर को ही पाया,
एक होते, या होते दो-चार,
सह लेती हँस के हर बार,
पर सब होता गया ,
हर बार, हद के पार,
हस्ती को मिटाया गया,
हर प्रयास जलाया गया,
टूटी वो बदले विचार,

अनंत रह के , हर कदम पर......
मिले उसे शर।
जुड़ी थी मन से, भूल न पाई,
पर नयी बस्ती उसने बसाई,
फूल खिले बगिया महकायी,
पर अनजाने कुछ कटुता आयी,
स्वयं न जाने, पर उसमे समायी,
स्वयं को जलाया, स्वयं को खपाया,
हर नन्हे पौधे को उसने बड़ा बनाया,
बंधी आशायें, बंधे कुछ सपने,
ये वृक्ष हैं मेरे अपने,
हर ने अपने फ़र्ज़ को समझा,
उससे अपना नाता समझा,
खूब लुटाया, खूब बरसाया,
पर स्वार्थ ने ऊँचा सर पाया,
खड़ा हुआ वो फन बन,
सारा विष उसको ही थमाया,
अनंत रह के, हर कदम पर...
क्यों उसने बस, शर को ही पाया?

6. मन मेरा

शब्दों में पिरोना चाहता है मन मेरा,
कुछ बयां करना चाहता है   मन मेरा,
लोगों की भीड़ में,
एक ज्योति पुंज तलाशना चाहता है मन मेरा,
विचार जहाँ मिलते हों, सौहार्द्र हित खिलते हों,
ऐसा कूल मांगता है मन मेरा।
अपने हों, पराये हों, गुमशुदा या बेनामे हों,
सारे रिश्ते निभाना चाहता है मन मेरा।
सुप्त हों या जाग्रत, गूढ़ हों या साकार,
साथ ही, सब कुछ समझना चाहता है मन मेरा।
मानस बंधन तोड़ कर, मस्तिष्क की स्वतंत्रता को,
जीना चाहता है मन मेरा।
ऊँचाइयों से ऊँचा हो, या निःतल से गहरा,
सब में ही समता चाहता है मन मेरा।
हृदय की गहराईयों में मधुर राग को,
पवित्रता से सुनना चाहता है मन मेरा,
बढ़ती रहूँ और जो गिरुं तो,
गिर कर फिर संभालना चाहता है मन मेरा
जो भी मिले, सब हित मिले,
निः स्वार्थ रहना चाहता है मन मेरा।
भागती-सी, दौड़ती-सी, ज़िन्दगी में,
हर पल सद्चितानंद संग,
बिताना चाहता है मन मेरा,

सब कुछ शब्दों में पिरोना चाहता है मन मेरा,
तरु से बयान चाहता है मन मेरा।

7. मशाल

फिर वही प्रहार है,
प्राणघात चाल है,
एक नई बार है,
फिर वही शिकार है,
जिसने किया त्याग है,
जिसने किया प्यार है,
सदियों का सम्मान वो,
उत्कर्ष के शिखर पर तुम,
उसका ही प्रयास हो,
जल रही मशाल वो,
एक विशाल समंदर......,
चाहे हो नदी या,
दरिया विशाल हो,
सबको आसरा मिला,
हर भाव खिल उठा,
पर तुमने उसे क्या दिया?
हर एक व्यवहार को,
आचार को विचार को,
प्रहार सम बना दिया,
जल रही मशाल को,
बुझा दिया, भड़का दिया,
आज भी शरीर कई,
धधक रहे, जलने को,

पर क्या उस निरे विचार का,
क्या उस संस्कार का,
अहो! स्वाहा तुमने किया?
आज फिर वही प्रहार है,
प्राणघात चाल है,
एक नई बार है,
फिर वही शिकार है,
पर, मशाल जल रही,
सदियों से बहाल है।

8. निश्छल

हे ईश, तुम्हें सस्नेह नमन।
है नेह भरा तुझमें,
जाने है ये मेरा मन,
मैं चाहूँ तो चाहूँ निश्छल,
मैं करूँ, तो वो हो स्नेह विमल,
मैं होऊँ, तो बस एक जोगन,
है नेह भरा तुझमें,
जाने है ये मेरा मन,
मैं जियूँ, तो जीवन ऐसा,
जो हो तुझको अर्पण,
हे ईश, बस यही मेरी सुलगन,
न हो, तो ले लेना मेरा प्राण,
है नेह भरा तुझ,
जाने है ये मेरा मन,
हे ईश, तुम्हे सस्नेह नमन।

9. काश! मेरे घर का दामन.....

काश! मेरे घर का दामन,
नभ जितना हो जाये,
काश! मेरे घर का मन,
प्रभु का मऩ हो जाये,
सारा जहान जिसके आँगन में ,
सब खुशियाँ पा जाये,
मैं बन जाऊँ एक किरण ,
के जग रोशन हो जाये,
आशाओं से भरा रहे मन,
हर मन उजला हो जाये,
काश! मेरे घर का दामन,
नभ जितना हो जाये।
कोई भेद न रहे यहाँ पर,
सबको पारस छू जाये,
हर तीस के मरे कंठ को,
पीयूष कूल मिल जाये,
हर आँख के एक आँसू को,
ख़ुशी का तराना मिल जाये,
मैं जितना चाहूँ उतना बाँटू,
हर दुविधा मिट जाये,
जो जितना चाहे उतना पाले ,
हर कोई तृप्त हो जाये,

स्वाति जोशी, तरु

काश! मेरे घर का दामन,
नभ जितना हो जाये।

10. वो तुम्हारे साथ है

तुम्हें पता भी न था,
तुम्हारी अंगुली पकड़कर,
तुम्हारे लड़खड़ाते,
कदम-कदम पर फिसलते,
उन नन्हें कदमों को कोई,
सीधा रखना सिखा रहा है,
तुम्हें पता भी न था,
सामने रखी चीज़ को कोई,
तुम्हें पढ़ना सिखा रहा है,
स्वरों के संसार से,
विचारों के ब्रम्हांड को,
कोई रखना सिखा रहा है,
वो तुम्हारे साथ है,
हर कदम पर,
हर पड़ाव पर,
अजनबी चीज़ों से कोई,
पहचान तुम्हारी करा रहा है,
तुम्हें पता भी न था,
स्वयं आदर्श रख कर,
तुम्हारी हार पर सदा,
तुम्हारा हौंसला,
बंधा रहा है कोई,
एक नयी मंजिल की राह,

स्वाति जोशी, तरु

दिखा रहा है कोई,
वो ईश्वर दूत है,
तुम्हारे लिए भेजा गया,
पग-पग पर तुम्हारे वो,
मखमली फूल बिछा रहा है,
काँटों से बन जाते,
कभी घाव गहन तो,
संजीवनी भी वो,
तुम्हारे लिए ला रहा है,
उस श्रद्धेय इन्सान को,
तुमने किया गौरवान्वित,
स्वयं पाकर गरिमा को,
नमन उस शक्ति को,
तरु करती अंतर से,
जो स्वयं खुश होता है,
अन्य की चाई से,
और देती हाथ भी है,
शिखर तक पहुँचाने को,
पर अहो संसार के!
नियम कटु-कठोर हैं,
प्रत्यक्ष नमन कर पाने में,
बंधन कुछ पुरजोर हैं,
परन्तु फिर भी अर्पण,
इस आदर्श आत्मा को,
वंदना के पुष्प हैं,
वो तुम्हारे साथ है,
राह को तुम्हारी,

रोशन वो दीप,
कर रहा दिन-रात है,
वो तुम्हारे साथ है।

11. होके मुखर

स्व-उत्कर्ष का शिखर,
छूना है अगर,
नई है डगर,
साम्राज्ञी स्वयं की,
होजा नज़र,
आसन से जवाब,
कठिन कुछ सवालों के,
ख़ोज हो तू मुखर।

12. ज़िन्दगी में अक्सर

ज़िन्दगी में अक्सर,
शब्दों की अहमियत नहीं होती,
ज़िन्दगी में अक्सर,
तस्वीरों की ज़रूरत नहीं होती,
ज़िन्दगी में अक्सर ,
जगहों की कीमत नहीं होती,
निःशब्द रहकर हम बोलते हैं,
तस्वीरों के बिना सदा दिखाई देते हैं,
जगहों पर नहीं, दिलों में रहते हैं,
और विरासत करते हैं,
भावों की गहराई की,
और संजो-कर रखते हैं,
लम्हों की परछाईं भी,
ज़िन्दगी आज है,
ज़िन्दगी केवल आज है,
कल कुछ भी नहीं,
कुछ सोच ले, कुछ तोल ले,
तोल कर कुछ मोल ले,
मधुरस जीवन में घोल ले,
सोचेगा तू एक दिन,
कड़वे लम्हे कम थे या,
स्नेहिल लम्हे परचम,
जीवन बीता ही जाये,

मध्हम, मध्हम, मध्हम,
शब्दों के माया जाल में,
तू क्यूँ होता है गुम,
तू आज विरासत कर ले,
अपनी झोली को भर ले,
ये पल हैं थोड़े कम, कम,
ज़िन्दगी में अक्सर,
शब्दों की अहमियत नहीं होती,
ज़िन्दगी में अक्सर,
तस्वीरों की ज़रूरत नहीं होती,
ज़िन्दगी में अक्सर.......

13. तुम

विश्वास की डोर बने तुम,
पन्नों पर तस्वीर बने तुम,
ख़ुशी का एहसास बने तुम,
मस्तिष्क की रफ़्तार बने तुम।
विश्वास की डोर बने तुम,
हृदय की धड़कन ,
आँखों का इंतज़ार बने तुम,
रोमों की सिरहन ,
उँगलियों की छुअन,
सबसे मिले तुम,
फिर भी अनजाने रहे तुम।
विश्वास की डोर बने तुम,
शब्दों के जहाँ में ,
कभी लोगों के बीच,
कभी एकांत में,
खोजे गए तुम,
फिर भी अनजाने रहे तुम।
विश्वास की डोर बने तुम,
फूलों की खुशबू में,
सूर्य के तेज में,
धरती के धीर में,
धर्म के तीर पर,
पाए गए तुम,

फिर भी अनजाने रहे तुम।
विश्वास की डोर बने तुम,
पन्नों पर तस्वीर बने तुम,
ख़ुशी का एहसास बने तुम,
मस्तिष्क की रफ़्तार बने तुम।

14. मान लेना

यथार्थ में तुम, स्वप्न में भी,
भीड़ में, एकांत में भी,
मान लेना बातें सभी।
चाहे गलत हूँ, या के सही,
जो गलत हूँ, तो समझा भी लेना,
प्रेम से मेंरे महि,
चन्द्र जो मैं मांग लूँ तो,
ला ही देना चाँद मुझको,
झील के दर्पण में ही सही।
यथार्थ में तुम, स्वप्न में भी,
भीड़ में, एकांत में भी।
दूँगी तुम्हें पूर्ण अधिकार,
न होने दूँगी,
किंचित चित्त भार,
विश्व रूप मैं बनूँगी,
पा लोगे संसार सार।
यथार्थ में तुम, स्वप्न में भी,
भीड़ में, एकांत में भी,
मान लेना बातें सभी।

15. हम उसी को ढूँढते हैं

चारों तरफ मैं देखती हूँ,
क्षितिज तक नज़र मैं डालती हूँ,
ज़ेनिथ और नादिर से पूछती हूँ,
आकाश की अनंतता से,
समुद्र की गहराई तक,
मेरे मानस की ख़ोज चलती है,
मुझे अपने क़दमों की केवल,
पदचाप सुनाई देती है,
कभी रफ़्तार से बढ़ती,
कभी हौले-हौले सहलाती,
दिल की स्पंदन गति भी,
अविरत कुछ सुनती है,
मेरी आँखों में अनंत ख़ोज,
बस यही नज़र आता है,
कणों से बनी है ये धरती,
कतरे-कतरे से बना ये नीला वितान,
बूँद-बूँद जल से बना ये सागर.
और हवा में भी मिली तो है,
कुछ गंध,
पर सोचती हूँ अक्सर,
मुझसे कौन जुड़ा है?
कहाँ पहुँचती है पर्वत की ऊँचाई?
कहाँ अंत है सागर की गहराई?

किसकी ख़ोज में हवा है बहती?
किसकी ख़ोज में क्षितिज बढ़ता है?
किसे खुश करते हैं कुसुम?
किसकी विरह में तरु पात गिराते हैं?
क्यों खुश होकर कोयल कूक पड़ती है?
क्यों मयूर सावन में अद्‌भुत छटा देते हैं?
आखिर कौन है वो?
जिसके लिए प्रकृति गहने बनती है,
मैं सोचती हूँ अक्सर, कौन है वो?
कौन है वो?
जिसके लिए, मैं अक्सर सोचती हूँ,
एक प्यारी तितली आकर पहली बार,
पदचाप के अलावा कुछ सुना गई,
मन में कुछ गुनगुना गई,
बहती हवाएं भी कुछ गाती हुई,
भीनी खुशबू मुझ पर बरसा गई,
सब बस यही कहती हैं,
हम तुझसे जुड़े हैं,
तुझमे कोई रहता है,
जो सर्वज्ञ है,
तुझमे कोई रहता है,
जो सबका प्यारा है,
सबको प्यार लुटता है,
और हम, उसी को ढूँढते हैं।

16. आज भी

एक काला-सा साया,
बंजर रेतीली ज़मीन पर,
अक्सर नज़र आता है।
उस वीरान झोंपड़ी में,
न जाने कब से बसता आया है।
एक काला सा साया,
नख से शिख, लबादों में,
सदियों से लदा पाया है।
उसका चेहरा कैसा है?
किसी ने न जाना है,
उसने कुछ बुदबुदाया है,
एक काला-सा साया,
सदा खिलखिलाया है।
एक बार, जब मैं वहाँ थी,
सबके लिए आँगन सजाते,
प्यार से भोजन बनाते,
अपनी धुन में गुनगुनाते,
धोरों की धूप से उजाला बुनते,
वो बहार थी उस लबादे से।
चुपके से देख लिया मैंने,
चेहरा उस काले साये का,
आहा!.......कितना जीवंत!
कितना तेजस्वी,

कि पूरे जग में नहीं ऐसी जीवन्तता,
उस काले साये ने,
बीज से वृक्ष बनने तक,
अपना जीवन,
उस एकाकी स्थल पर बिताया है,
लेकिन बहुतों को ,
जीवन लुटाया है,
वीरान पथ के हर राही को,
उसने जीवन अमृत पिलाया है।
अपने दो मीठे बोलों से ,
सबके थके मन को सहलाया है,
उसकी आँखों की चमक,
आज भी,
अनेकों आँखों में नज़र आती है,
उसकी कथनी की मिठास,
आज भी सुनाई देती है,
दिल खुशियों से भर जाती है,
संस्कृति-रीति से भरी वो,
घूँघट के परदे के पीछे,
एक पूरा जीवन थी।
आज भी मेरी यादों में ,
सर पर भारी गट्ठर उठाये,
संतोष से मुस्कराता चेहरा लिए,
वो जिंदा है।
आज भी मेरी यादों में,
वो प्यारा ला साया,
जिंदा है।

बंज़र रेतीली ज़मीन पर,
वो अक्सर नज़र आता है।
आज भी....

17. नमस्ते ज़िन्दगी!

नमस्ते ज़िन्दगी!
आज तुमसे मुलाकात हो,
बैठ कर कुछ बात हो,
बात यूँही नहीं, कुछ ख़ास हो,
मन में उमंगें-आस हो,
आज तुमसे मुलाकात हो,
नमस्ते ज़िन्दगी!
हर घरोंदे तुम्हा वास हो,
सबका-तुम्हारा साथ हो,
साथ का एहसास हो,
एहसास पर कुछ नाज़ हो,
आज तुमसे मुलाकात हो,
नमस्ते ज़िन्दगी!
इंसानियत का भाव हो,
इस भाव का न दाम हो,
सबके हिस्से कुछ भाग हो,
इस भाव का उद्गार हो,
आज तुमसे मुलाकात हो,
नमस्ते ज़िन्दगी!
पुरुषार्थ का एक तीर हो,
दृष्टि लक्ष्य पर, धीर हो,
वैजयंती संग अबीर हो,
एक बार नहीं, हर बार हो,

स्वाति जोशी, तरु

आज तुमसे मुलाकात हो,
नमस्ते ज़िन्दगी!

18. जी लो जीवन

दिल के आँगन में,
एक जूही का फूल खिला है,
दिल के आँगन में,
एक नया-सा रंग मिला है,
खुशबू से माहौल भरा है,
आज गगन में, दशों दिशा में,
हर अरमान झूम रहा है,
हर दरवाज़ा खोल दिया है,
सबको मैंने बोल दिया है,
दिल के आँगन में मेरे,
एक अजब सा रंग मिला है।
मैं यायावर घूम रही हूँ,
हर एक से मैं पूछ रही हूँ,
क्या कहीं है? एक ऐसा मन,
जो समाले इसकी महकन,
पर पायें हैं बहुत से बंधन,
क्यों हर घर ताला लगा है?
क्यों खुशबू से भाग रहा है?
क्यों नहीं है सहज से ये मन?
आओ आओ,
जी लो जीवन!
अभी खिला है सारा उपवन,
बीतेगा न ऐसा मौसम,

स्वाति जोशी, तरु

जो तुम खोलोगे ये बंधन,
दिल के आँगन में हमारे,
एक जूही का फूल खिलेगा,
दिल के आँगन में हमारे,
एक नया-सा रंग मिलेगा,
खोल दो बंधन,
जी लो जीवन!

19. ज़रूरी तो नहीं

हर बात ज़रूरी हो,
ज़रूरी तो नहीं,
मेरी आवाज़ तुझ तक पँहुचे,
क्या ये अब, मुनासिब भी नहीं?
फूलों की जगह, अब काँटे क्यों हैं?
राह जो थी एक महफ़िल,
अब सन्नाटे क्यों हैं?
क्यों गैरों से सब नाते हैं अहम,
सबसे क़रीबी ही
देते हैं क्यों अपनों को ज़ख़्म?
आप हर वक़्त हैं
अपनी ही दुनिया में शामिल,
आपके चंद लम्हों के भी,
हम क्या नहीं हैं क़ाबिल?
हर बात ज़रूरी हो,
ज़रूरी तो नहीं...

अब अपनी किताब और टेबल से,
मैं बतीयाती हूँ,
अपनी तन्हाई, अपनी कमजोरी,
पुरज़ोर से छुपाती हूँ,
जिसे अपनी ताकत समझ,

स्वाति जोशी, तरु

गुरूर से इतराना था,
आज उसकी ही बेपरवाही से,
शर्माती हूँ,
कभी सोचा न था,
कभी ये भी नौबत होगी,
मेरे जज़्बात सुनने को केवल,
ये काग़ज़ और ये कलम होगी,
हर बात ज़रूरी हो, ज़रूरी तो नहीं......
मेरी आवाज़ तुझ तक पँहुचे,
क्या ये अब मुनासिब भी नहीं?

लोग कहते हैं,
बदलना इन्सानी फ़ितरत है,
इसका अंदाज न था,
कि अपको इसकी आदत होगी,
इश्क़ में तो लोग संभल जाते हैं,
सच है,
इश्क़ में तो लोग बदल जाते हैं,
सच है,
इश्क़ की उम्र भी तो,
किसी ने बता दी होती,
हर बात ज़रूरी हो,
ज़रूरी तो नहीं,
मेरी आवाज़ तुझ तक पँहुचे,
क्या ये अब मुनासिब भी नहीं?

20. कुछ लोग

कुछ लोग,
बस शरीर होते हैं,
हाड़-माँस के पुतले,
कुछ लोग,
बस दिमाग़ होते हैं,
सोचते हैं चालें,
कुछ लोग,
हर व्यक्ति में होते हैं,
व्यक्तित्व अनेक,
कभी एक प्रकट होता है,
तो कभी दूजा मुखर,
पर बनते हैं वो,
एक सुगंधित पुष्प,
सभी को संजोकर,
पर कुछ लोग बस चेहरा होते हैं,
कभी एक चेहरा,
तो कभी दूसरा,
एक पल चलता,
दूजे पल ठहरा,
कभी करते हैं छल,
तो कभी करते कपट,
कुछ लोगो का,
केवल एक चेहरा.

ज़िंदा होता है,
घुमाता सभी को,
करता अपना सही,
केवल विधाता हो रखता है,
ऐसों की बही,
जुड़ता है अपनों से,
जुड़ता है लोगों से,
पर तुम्हें है पता?
बिना भावों के!!
न भाव न हृदय, बस,
सकल संसार हो तममय,
उद्देश्य यही,
कुछ लोग,
बस शरीर होते हैं,
हाड़ माँस के पुतले,
कुछ लोग,
बस दिमाग़ होते हैं,
सोचते हैं चालें,
कुछ लोग,
धिक के भी पात्र नहीं,
क्योंकि वो पशुवत भी नहीं,
इंसान का चेहरा,
दानव से भी आगे,
कलियुग के वो सृष्टा,
निज धर्म नहीं,
कुछ लोग,
बस शरीर होते हैं,

प्रकृति भी रोती है हर पल,
क्यों हैं ये मुझ पर,
करते मुझ को मैला,
क्यों ये शरीर....
बस शरीर होते हैं?

21. जहाँ से चली थी...

जहाँ से चली थी, वहीं आ खड़ी है,
जिंदगी की एक ये, अजब ही घड़ी है,
सुना था बहुत, आज जाना है मन से,
दुनिया है गोल और घुमे बड़ी है,
कठपुतली था कल भी,
और कठपुतली है आज,
न जाने किसके हाथ 'डोर' पड़ी है?
सोच से मेरी ही, चलती है वो,
घुमाती मुझे ही, दूर खड़ी है,
डोर है ये, या अजूबा छड़ी है,
जहाँ से चली थी, वहीं आ खड़ी है,
जिंदगी की एक ये, अजब ही घड़ी है ।
कोई तो जाने, कहाँ है वो पंक्ति?
जन्हा पे मिलन और बिछोह की सीमा खड़ी है,
कब है मिलना? कब है बिछुड़ना ?
किंचित है दुविधा, अजेय ये बड़ी है,
न तुम द्वेष लाना, न मैं राग लाऊँ,
जिंदगी की ये रेखा, ना लम्बी बड़ी है,
जहाँ से चली थी, वहीं आ खड़ी है,
जिंदगी की एक ये, अजब ही घड़ी है ।
क्या था अंजना? क्या जाना पहचाना?
न मेरे पास था कोई, इसका पैमाना,
न नापा, न तोला, न कुछ टटोला,

ख़्वाबों के मोती

बस लुटा दी ख़ुशी, था दोस्ती का ज़माना,
ख़ुशी हो तुम्हारी, हो तरक्की तुम्हारी,
जो न भी हों हम तो, बस ख्याल फ़रमाना,
चाहेंगे मन से, जुदा इस चमन से,
हो हर ज़र्रे पर काबिज़, तुम्हारा फ़साना,
आयेंगे बादल, चलेगी जो , तो लायेंगे तूफ़ा,
हमें याद रखना, बस यूँ ही न भुलाना,
अंतिम है इच्छा, विदा तुम न कहना,
जहाँ से चली थी, वहीं आ खड़ी है,
जिंदगी की एक ये, अजब ही घड़ी है।

www.ingramcontent.com/pod-product-compliance
Lightning Source LLC
LaVergne TN
LVHW041547060526
838200LV00037B/1180